AF590125

CATALOGUE
DES LIVRES
DE LA BIBLIOTHÉQUE
DE M.***.

Dont la Vente se fera le Mercredi 9 Septembre 1772, & jours suivans, de relevée, au plus offrant & dernier Enchérisseur en la maniere accoutumée, dans une des Salles des Grands Augustins.

Livres du Libraire même.

A PARIS;
Chez PISSOT, Libraire, Quay de Conti, à la descente du Pont-Neuf.

M. DCC. LXXII.

CATALOGUE
DES LIVRES
DE LA BIBLIOTHEQUE
DE M. * * *.

THÉOLOGIE.

N°. 1 LA Bible, en latin & en françois, avec des explications, par de Sacy. *Paris*, 1728, 32 *vol. in*-8.

2 Commentaire Littéral sur la Bible, inséré dans la traduction fr. avec le texte latin à la marge, par le P. de Carrieres. *Paris*, 1715, 24 *vol. in*-12.

3 N. Testamentum gr. ex edit. Jo. Leusden, *Lugd. Bat.* 1765, *in*-24. *v. f.*

4 Les Visionnaires & les Imaginaires de Nicole. *Liege*, 1667, 2 *vol. in*-12. *v. f.*

5 Sermons du P. Bourdaloue. *Paris, Rigaud*, 1707, 16 *vol. in*-8.

6 Sermons de Massillon, pour l'Avent & le Carême. *Paris*, 1746, 5 *vol. in*-12.

7 Dissertations sur l'existence de Dieu, par Jaquelot. *La Haye*, 1697, *in*-4. *m. bl.*

8 Le Déisme réfuté par lui-même, par M. Bergier. *Paris*, 1765, 2 *vol. in*-12.

9 La Certitude des preuves du Christianisme, par le même. *Paris*, 1767, 2 *vol. in*-12.

10 Apologie de la Religion Chrétienne, par le même. *Paris*, 1769, 2 *vol. in*-12.

11 Ebauche de la Religion Naturelle, par Wolaston, trad. de l'Angl. *La Haye*, 1726, *in*-4.

12 Pensées sur la Religion, trad. de l'Angl. *La Haye*, 1722, 2 *tom. en un vol. in*-8.

13 Hadr. Relandi de Religione Mohammedica libri duo. *Trajecti ad Rhenum*, 1717, *in*-8. *fig.*

JURISPRUDENCE.

14 LE Droit de la Nature & des Gens, par Puffendorf, trad. par Barbeyrac. *Londres*, 1740, 3 *vol. in*-4. *v. f.*

15 Principes du droit de la Nature & des Gens, extrait de Wolff, par Formey. *Amst.* 1758, *in*-4. *v. f.*

16 Traité Philosophique des Loix naturelles, par Cumberland, trad. par Barbeyrac. *Amst.* 1744, *in*-4.

17 Ebauche des Loix naturelles & du Droit primitif, par Strube de Piermont. *Amst.* 1744, *in*-4. *v. f.*

18 De l'Esprit des Loix, avec la Défense, par M. de Montesquieu. *Amst.* 1749, 4 *vol. in*-12.

SCIENCES ET ARTS.

19 HISTOIRE critique de la Philosophie, par Deslandes. *Londres*, 1742, 3 *vol. in*-12.

20 L. A. Senecæ Philosophi Opera omnia, ex emendat. Lipsii. *Lugd. Bat. apud Elzevirios*, 1640, 3 *vol. in*-12. *vel.*

21 Boethii de consolatione Philosophiæ, libri V. *Amst.* 1631, *in*-32. *m. bl.*

22 Caractères de Théophraste. *Amst.* 1744, 2 *vol. in*-12.

23 Le Mentor moderne, trad. de l'Angl. d'Addisson, Steele, &c. *Amst.* 1727, 4 *vol. in*-12. *m. r.*

24 Le Spectateur, trad. de l'Anglois. *Amst.* 1732, 6 *vol. in*-12.

25 Les Devoirs de l'Homme & du Citoyen de Puffendorff, trad. par Barbeyrac. *Amst.* 1756, 2 *vol. in*-12. *v. f.*

26 Institution d'un Prince, par Duguet. *Leide*, 1739, 4 *vol. in*-12.

27 Institutions Politiques, par le Baron de Bielfeld. *La Haye*, 1760, 2 *tom. en un vol. in*-4. *v. f.*

28 Discours sur le Gouvernement, par Algernon Sidney, trad. par Samson. *La Haye*, 1702, 3 *vol. in*-12. *v. f.*

29 Histoire Politique du Siécle. *Londres*, 1747, *in*-4.

30 L'Utopie de Th. Morus, trad. par Gueudeville. *Amst.* 1730, *in*-12. *fig.*

31 Dictionnaire Universel de Commerce, par Savary. *Paris*, 1741, 3 *vol. in-fol.*

32 Essais de Theodicée sur la Bonté de Dieu, la liberté de l'Homme & l'Origine du Mal, par Leibnitz. *Amst.* 1720, *in*-12. *m. v.*

33 Psychologie ou Traité sur l'Ame, par Wolf. *Amst.* 1745, *in*-12. *v. f.*

34 De l'Esprit humain, Substance differente du Corps, Active, Libre, Immortelle. *Basle*, 1741, *in*-4. *v. f.*

35 Traité Physique & Historique de l'Aurore Boréale, par M. de Mairan, deuxiéme édit. *Paris, de l'Impr. Royale*, 1754, *in*-4. *fig. v. m.*

36 C. Plinii secundi Historia Naturalis *Lugd. Bat. Ex Officina Elzeviriana*. 1635, 3 *vol. in*-12. *l. r. m. r.*

37 Histoire Naturelle génerale & particuliere, avec la description du Cabinet du Roi, par M M. de Buffon & Daubenton. *Paris, de l'Impr. Royale*, 1749, 15 *vol. in*-4. *fig. v. m.*

38 Histoire Naturelle générale & particuliere, par M. de Buffon. *Paris*, 1769, 17 *vol. in*-12. *fig.*

39 ....

40 Histoire Naturelle de l'Univers, par Colonne. *Paris*, 1734, 4 *vol. in*-12. *fig. v. m.*

41 Le Spectacle de la Nature, par Pluche. *Paris*, 9 *vol. in*-12. *fig.*

42 l'Existence de Dieu, démontrée par les merveilles de la Nature, par Nieuwentyt. *Amst.* 1760, *in*-4. *fig.*

43 Introduction à la Philosophie, par s' Gravesande. *Leide*, 1748, *in*-4.

44 Traité général des Elémens du Chant, par M. l'Abbé Lacassagne. *Paris*, 1766, *in-8. v. f.*

45 Memoires Militaires sur les Grecs & les Romains, par Ch. Guischardt. *La Haye*, 1758, 2 *tom.* 1 *vol. in 4. fig.*

46 Description de la Maison de Glace, construite à S. Petersbourg. 1741, *in-4. fig. v. f.*

47 Dictionnaire raisonné des Sciences, des Arts & des Métiers, par une Société de Gens de Lettres. *Paris*, 1751, 24 *vol. in-fol.*

BELLES-LETTRES.

48 DICTIONNAIRE de Trevoux. *Paris*, 1743, 7 *vol. in fol.*

49 Dictionnaire des Proverbes François. *Bruxelles*, 1710, *in-12.*

50 L'Etymologie ou explication des Proverbes françois, par de Bellingen. *La Haye*, 1656, *in-12.*

51 Œuvres de Tourreil. *Paris*, 1721, 4 *vol. in-12.*

52 M. T. Ciceronis Opera. *Lugd. Bat. ex officinâ Elzevirianâ.* 10 *vol. in-12. m. r.*

53 Le Theâtre des Grecs, du P. Brumoy. *Paris*, 1749, 6 *vol. in-12. v. f.*

54 Tyrtæi de virtute bellica carminum reliquiæ, Gr. & Lat. *Glasguæ*, 1759, *in-4.*

55 Homeri Ilias & Odyssea. Gr. *Glasguæ*, 1758, 4 *vol. in-fol. v. m. d. s. tr.*

56 Sophoclis Tragædiæ quæ extant Gr. cum notis. *Glasguæ*, 1745, *in-4. v. ecc. d. s. tr.*

57 Callimachi Hymni & Epigramata, *Glasguæ*, 1755, *in-fol. v. m.*

58 Theocriti quæ extant Gr. ex edit. Heinsii *Glasguæ*, 1746, *in-4. v. f. d. s. tr.*

59 Anacreontis Odæ & Fragmenta, Gr. & Lat. cum notis Jo. Corn. de Paw. *Trajecti*, 1732, *in-4. v. f.*

60 Les Poësies d'Anacreon, en Grec, avec la trad. en

vers François, par Gacon. *Paris*, 1754, *in-8. v. f. dor. f, tr.*

61 Virgilius, Horatius, Catullus, Tibullus, Propertius, Juvenalis, Persius, Phœdrus, Terentius, Lucanus, Sallustius, Q. Curtius, C. Nepos, C. J. Cœsar. *Londini, Brindley*, 1744, *16 tom. en 15 vol. in-12. v. ecc.*

62 P. Terentii Comœdiæ, versibus Italicis redditæ. *Urbini*, 1736, *in-fol. fig. v. f. d. f. tr.*

63 Les Comédies de Térence, avec la trad. & les remarques de Mad. Dacier. *Roterdam*, 1717, 3 *vol. in-8. fig.*

64 Di Tito Lucrezio Caro della natura delle cose libri sei, trad. dal Latino di Alef. Marchetti. (*In Parigi*) 1754, 2 *vol. in-8. v. ecc.*

65 Lucrece, traduction nouvelle, avec des notes, par M. la Grange. *Paris*, 1768, 2 *vol. in-8. v. ecc.*

66 Tradution en prose de Catulle, Tibulle & Gallus, par M. de Pezé. *Paris*, 1771, 2 *vol. in-8. v. mar.*

67 Phœdri Fabulæ, cum notis Hoogstratani. *Amst.* 1701, *in 4. fig. m. bl.*

68 Phœdri Fabulæ & P. Syri Sententiæ. *Parisiis, ex Typogr. Regia*, 1729, *in-16. c. m. d. f. tr.*

69 P. Virgilii Maronis Opera per Jo. Ogilvium edita & Sculpturis æneis odornata. *Londini*, 1663, *in-fol. lav. r. m. r.*

70 — Idem. Virgilius. *Londini*, 1750, 2 *vol. in-8. v. ec. fig.*

71 — Idem, Virgilius. *Edinburgi*, 1755, 2 *vol. in-8. v. f. d. f. tr.*

72 Les Œuvres de Virgile, trad. par l'Abbé des Fontaines. *Paris*, 1743, 4 *vol. in-8.*

73 Les Georgiques de Virgile, trad. en vers François, avec des notes, par M. Delille. *Paris*, 1770, *in-8. fig. v. ecc. d. f. tr.*

74 L'Eneide di Virgilio di Annibal Caro. *In Parigi*, 1760, 2 *vol. in-8. pap. d'Holl. fig. d. f. tr.*

75 Les Métamorphoses d'Ovide, en lat. & en franç. de la traduction de l'Abbé Banier, avec des explications histor. *Paris*, 1767, *avec* 140 *fig. gravées sur les desseins des meilleurs Peintres, & des Vignettes*, 4 *vol. in-4. v. f. d. f. tr.*

76 Q. Horatii Flacci Opera. *Parisiis ex Typogr. Regia*, 1733, *in-16. c. m. mar. bl.*

77 Q. Horatii Flacci Opera. *Londini*, *Æneis tab. incidit Jo. Pine*, 1733, 2 *vol. in-8. m. r.*

78 — Idem Horatius. *Birminghamiæ*, *Baskerville*, 1762, *in-12. m. bl.*

79 La Vita & Metamorfoseo d'Ovidio, figurato & abreviato in forma d'Epigrammi, da M. Gabriello Symeoni; con altre Stanze Sopra gl' effetti della Luna &c. *In Lyone*, 1584, *in 8. fig. v. f.*

80 Juvenalis & Persii Satyræ. *Londini*, 1744, *in-12. m. r.*

81 D. Junii Juvenalis & A. Persii Flacci Satyræ. *Birminghamiæ*, *Baskerville*, 1761, *in-4. v. f. d. s. tr.*

82 Varia doctorum piorumq. virorum de corrupto Ecclesiæ Statu Poemata, cum præfatione Mathiæ Flacci Illyrici. *Basileæ*, 1557, *in-8. mar. r. rar.*

83 Theod. Bezæ Poemata Juvenilia. *Edit. de la Tête de mort*, *in-16. m. c.*

84 Dominici Baudii Amores. *Amst.* 1638, *in-12.*

85 Cent Fables choisies des anciens Auteurs, mises en vers latins par Gabr. Faerne, & trad. par Perrault. *Londres*, 1743, *in-4. fig.*

86 Œuvres de Clement Marot. *La Haye*, 1731, 4 *vol. in 4. v. f.*

87 Les Œuvres de Ronsard. *Paris*, 1632, 2 *vol. in-fol. m. r.*

88 Satyres & autres Œuvres de Regnier, avec des Remarques. *Amst.* 1730, *in-4. v. m.*

89 Les Œuvres de Malherbe, avec les Observations de Menage. *Paris*, 1722, 3 *vol. in-12.*

90 Le Vilebrequin de Me. Adam. *Paris*, 1663, *in-12. v. f. d. s. tr.*

91 Œuvres de J. de la Fontaine. *Anvers*, 1726, 3 *vol. in-4. gr. pap. v. f.*

92 Fables de la Fontaine. *Paris*, 1745, *in-12. m. r.*

93 Œuvres de Boileau, données par de Saint-Marc. *Paris*, 1747, 5 *vol. in-8. fig. v. f. d. tr.*

94 Œuvres de J. B. Rousseau. *Amst.* 1726, 4 *vol. in-12.*

95 La Henriade de M. de Voltaire. *Londres*, 1728, *in-4. fig.*

96 La nouvelle Zelis au Bain, Poëme. *Genève* (*Paris*). — Les Tourtelelles de Zelmis. — L'Isle merveilleuse, Poëme. *Ibid.* 1768, *in-8. fig.*

97 Mes Fantaisies, par M. Dorat. *Paris*, 1768, *in*-8.

98 Selim & Selima, Poëme imité de l'Allemand, suivi du Rêve d'un Musulman. *Paris*, 1769. — Le Pot-pourri. *Paris*, 1764. — Lettre d'Ovide à Julie; 1767. — Lettre de Barnevelt. *Paris*, 1763. — Lettre d'Alcibiade à Glicere. *Ibid.* 1764. — Suite de Bagatelles anonymes. *Ibid.* 1767, *in*-8. *fig.*

99 Le Nouveau Théâtre François. *Utrecht*, 1745, 7 *vol. in*-12. *m. r.*

100 Œuvres de P. & T. Corneille. *Amst.* 1723 & 1740, 10 *vol. in*-12. *fig. v. ecc. & m. r.*

101 Œuvres de Moliere. *Amst.* 1735, 4 *vol. in*-12. *fig. m. r.*

102 Théâtre de Boursault. *Amst.* 1721, 2 *vol. in*-12. *fig. m. bl.*

103 Théâtre de Montfleury. *Paris*, 1739, 3 *vol. in*-12.

104 Œuvres de J. Racine. *Londres*, *Tonson*, 1723, 2 *vol. in*-4. *fig.*

105 — Les mêmes. *Amst.* 1743, 3 *vol. in*-12. *fig. m. r.*

106 Œuvres de Campistron. *Amst.* 1698, *in*-12. *fig. m. bl.*

107 Œuvres de Regnard. *Paris*, 1742, 4 *vol. in*-12.

108 Théâtre d'Hauteroche. *Paris*, 1742, 3 *vol. in*-12.

109 Théâtre de le Grand. *Paris*, 1742, 4 *vol. in*-12. *v. f. d. s. tr.*

110 Théâtre de Baron. *Paris*, 1746, 2 *vol. in*-12. *v. m. d. s. tr.*

111 Théâtre de Poisson. *Paris*, 1743, 2 *vol. in*-12.

112 Théâtre de Champmeslé. *Paris*, 1735, 2 *vol. in*-12.

113 Théâtres de Brueys & Palaprat. *Paris*, 1735, 4 *vol. in*-12.

114 Théâtre de Dancourt. *Paris*, 1742, 8 *vol. in*-12.

115 Œuvres d'Autereau. *Paris*, 1749, 4 *vol. in*-12. *v. f. d. s. tr.*

116 Théâtre de le Sage. *Paris*, 1739, 2 *vol. in*-12.

117 Œuvres de du Fresny. *Paris*, 1747, 4 *vol. in*-12.

118 Œuvres de Crebillon. *Paris*, *de l'Impr. Royale*, 1750, 2 *vol. in*-4. *v. ecc. d. s. tr.*

119 Théâtre de Destouches. *Paris*, 1745, 5 *vol. in*-12.

120 Œuvres de Piron, *Paris*, 1758, 3 *vol. in*-12. *fig.*

121 Diogêne à la Campagne, Comédie. *Geneve*, 1758.

—Sur le sort de la Poésie, par M. Chabanon. *Paris*, 1764.—Spartacus, par M. Saurin. *Paris*, 1769.—Beverlei, par le même. *Ibid.* 1768.—Le Royaume mis en Interdit, Tragédie, *in*-8.

122 La jeune Indienne, Comédie, par M. de Chamfort. *Paris*, 1764.—Les Fausses Infidélités, Comédie, par M. Barthe. *Paris*, 1768.—Repsima, essai d'une Tragédie domestique. *Lauzanne*, 1767.—Annette & Lubin. *Paris*, 1762.—Les Moissonneurs, Comédie, par M. Favart. *Paris*, 1768.—La Guirlande. *Rouen*, 1757, *in*-8.

123 Eugenie, par M. de Beaumarchais. *Paris*, 1767.—Les Orphelins. 1767.—Les Fausses Infidélités, par M. Barthe. 1768.—Silvain, par M. Marmontel, 1770. —Les Moissonneurs, par Favart. 1768.—Alix & Alexis. *Paris*, 1769, *in*-8.

124 Arminius, Tragédie, par M. Bauvin. *Paris*, 1769. —Le Siége de Calais, Tragedie, par M. de Belloy. *Ibid.* 1765.—Marcellus ou les Persécutions, Tragédie. *Yverdon*, 1745.—Narcisse, Comédie, par J. J. Rousseau. *Paris*, 1753, *in*-8.

125 Euphémie, ou le Triomphe de la Religion, Drame, par M d'Arnaud. *Paris*, 1768, *in*-8.

126 Fayel, Tragédie, par M. d'Arnaud. *Paris*, 1770. —Anne Bell, histoire angloise, par le même. *Ibid.* 1769.—Le Comte de Comminge, par le même. *Ibid.* 1768, *in*-8. *fig.*

127 Fayel, Tragédie, par M. d'Arnaud. *Paris*, 1770. —Anne Bell, histoire angloise, par le même. *Paris*, 1769.—Le Deserteur, par M. Mercier. *Paris*, 1770. —Clary, histoire angloise, par M. d'Arnaud. *Paris*, 1769, *in*-8. *fig.*

128 Gabrielle de Vergy, Tragédie, par M. de Belloy. —Le Fabricant de Londres, par M. de Falbaire.—Eugénie, par M. de Beaumarchais.—Les deux Amis, ou le Négociant de Lyon, par le même. *Paris*, 1770, *in*-8. *fig.*

129 Les deux Reines, Drame héroïque en cinq actes, suivie de Sylvie & de Moleshoff. *Paris*, 1770.—Argillan, ou le fanatisme des croisades, Tragédie, par M. Fontaine. *Paris*, 1769.—Jenneval, ou le Barnevelt françois, Drame, par M. Mercier. *Ibid.* 1769, *in*-8. *fig.*

130 Theâtre Italien, de Gherardi, avec le nouveau Theâtre Italien & Fr. *Paris*, 1717, 9 *vol. in*-12.

131 Le Theâtre de la Foire. *Paris*, 1737, 10 *vol. in*-12. *fig.*

132 Opere Burlesche di Fr. Berni, di Giov. della Casa, del Varchi, Molza, Mauro, Bino, Dolce, Firenzuola &c. *In Firenze*, *Giunta*, 1530, & *in Venetia Ciglio*, 2 *tom. en* 3 *vol. in*-8. *v. f.*

133 Tutte le Opere di Dante Alighieri, con annotazioni. *In Venezia*, 1757, 5 *vol. in*-4. *gr. pap. fig. v. f. d. s. tr.*

134 Il Petrarca. *In Venetia*, 1610, *in*-24. *m. r.*

135 Orlando Furioso di Lod. Ariosto. *In Lyone*, *Roviglio*, 1570, *in*-16. *fig. m r.*

136 L'Amadigi di Bernardo Tasso. *In Venetia*, 1581, *in*-4. *v. m. d. s. tr.*

137 Rime di Torquato Tasso. *In Venetia*, 1608, 6 *vol. in*-12. *l. r. vel.*

138 Gierusalemme Liberata di Torquato Tasso. *In Amst. Elzevier.* 1678, 2 *vol. in*-16. *fig. de le Clerc.*

139 La Gerusalemme Liberata di Torquato Tasso, con le figure di Piazzetta. *In Venezia*, 1745, *in-fol. gr. pap. v. f. d. s. tr.*

140 Aminta di Tasso. *In Amst. Elzevir.* 1678, *in*-16. *fig. di le Clerc.*

141 Arcadia di Jac. Sannazaro, con le annotat. di Thomaso Porcacchi, *In Venetia*, 1591.—Alceo favola pescatoria di Antonio Ongaro. *Ibid.* 1592.—Il Thesoro, Comedia di Luigi Groto. *Ibid.* 1586, *in*-16. *m. r.*

142 Opere poetiche di Batt. Guarini. *In Venetia*, 1621, *in*-24.

143 Il Pastor fido di Guarini. *In Londra*, 1728, *in*-4.

144 Filli di Sciro favola pastorale di Bonnarelli. *In Amst. Elzevier.* 1678, *in*-16. *fig. di le Clerc.*

145 Opere del Cavalier Marino, le rime la sampogna, la Murtoleide, la Lira, il Padre Naso, l'Adone. *In Venetia*, 1652, & *in Parigi*, 1656, 7 *vol. in*-12. *m. r.*

146 La Secchia Rapita, Poema eroicomico di Aless. Tassoni. *In Parigi*, 1766, 2 *vol. in*-8. *fig. v. f. d. s. tr.*

147 Comedie di Lod. Ariosto, la Lena, il Negromante, la Cassaria. *In Vinegia*, 1536, *in*-8. *v. f.*

148 Poesie Drammatiche di Apostolo Zeno. *Venetia*, 1744, 10 *vol. in*-8. *v. f.*

149 Poesie di Pietro Metastasio. *Parigi*, 1755, 10 *vol. in*-8. *v. ecc. le dixiéme bl.*

150 Le Théâtre Anglois, par M. de la Place. (*Paris*,) 1749, 8 *vol. in*-12.

151 Explication Historique des Fables, par Banier. *Paris*, 1715, 3 *vol. in*-12.

152 Œuvres de Rabelais, avec les remarques de le Duchat & les fig. de Picart. *Amst.* 1741, 3 *vol. in*-4. *m. r.*

153 Le Tredeci piacevoli notte di Fr. Straparola. *In Venetia*, 1586, 2 *vol. in*-8. *v. f.*

154 Democritus ridens. *Amst.* 1655, *in*-12.

155 Il Decamerone di Giov. Boccaccio. *In Vinegia*, 1550, *in*-4. *v. f.*

156 Contes & Nouvelles de Bocace, avec les fig. de Romain de Hooge. *Cologne*, 1702, 2 *vol. in*-8. *v. f. d. f. tr.*

157 Ameto del Boccaccio. *In Firenze*, 1529, *in*-12 *v. f.*

158 Laberinto d'Amore di Giov. Boccaccio. *in Vinegia*, 1575, *in*-12. *m. bl.*

159 L'Amorosa Fiametta di Giov. Boccaccio. *In Vinegia*, 1575, *in*-12. *m. c.*

160 Novelle di Bandello. *In Londra*, 1740, 4 *vol. in*-4. *gr. pap. m. bl.*

161 Cento novelle Scelte da piu nobili Scrittori della lingua Volgare, di Fr. Sansovino. *In Venegia*, 1566, *in*-4. *fig. m. r. rar.*

162 Les Cent Nouvelles nouvelles, avec les fig. de Romain de Hooge. *Cologne*, 1701, 2 *vol. in*-8.

163 Jo. Barclaii Argenis, cum Clave. *Lugd. Bat. ex officina Elzevir.* 1630, *in*-12. *v. f.*

164 Les Amours Pastorales de Daphnis & Chloé, avec les fig. du Régent. *Paris*, 1718, *in*-8. *m. bl.*

165 Amours de Theagenes & Chariclée. *Paris*, 1743, 2 *tom. en un vol. in*-12. *fig. v. f.*

166 Les Aventures de Telemaque, par de Fenelon. *Paris*, 1740, 2 *vol. in*-12. *fig.*

167 Œuvres de Mad. de Villedieu. *Paris*, 1740, 12 *vol. in*-12.

168 Histoire de Marguerite de Valois Reine de Navarre. *Amst.* 1739, 4 *tom. en* 2 *vol. in*-12.

169 Les Tableaux suivis de l'Histoire de Mlle. de Siane & du Comte de Marcy. *Paris*, 1771. — Lettre d'Ovide à Julie, *Ibid.* 1767. — Gabrielle d'Estrées à Henry IV. par M. Poinsinet. *Idid.* 1767, *in-8. fig.*

170 Histoire de Giblas de Santillane, par le Sage. *Paris*, 1747, 4 *vol. in-12. fig.*

171 Histoire de Dom Quichotte. *Amst.* 1700, 5 *vol. in-12. fig. m. r.*

172 Les Principales Aventures de Don Quichotte, représentées en figures par Coypel, Picart & autres. *La Haye*, 1746, *in-4. v, m.*

173 Les Mille & une Nuits, trad. par Galland. *Paris*, 1747, 6 *vol. in-12.*

174 Les Mille & un Jours, Contes Persans, trad. par Petis de la Croix. *Utrecht*, 1732, 5 *vol. in-12.*

175 Les Mille & une Heures, Contes Peruviens. *Amst.* 1723, 2 *vol. in-12.*

176 Traité des Etudes, par Rollin. *Paris*, 1736, 5 *vol. in-12.*

177 Petrone Lat. & Fr. par Nodot; 1709, 2 *vol. in-8. fig.*

178 Il Divortio Celeste, il Corriero Svaligiato, Baccinata, le rete di Vulcano &c. di Ferrante Pallavicino. *In Villa Franca*, 1666, 2 *vol. in-12. v. f.*

179 L'Eloge de la Folie, trad. d'Erasme, par Gueudeville. (*Paris*), 1751, *in-4. fig. v. ecc. d. s. tr.*

180 Le Chef-d'œuvre d'un Inconnu. *La Haye*, 1732, 2 *vol. in-12.*

181 Aiolani di Pietro Bembo. *In Venegia*, *Aldo.* 1515, *in 8.*

182 Ragguagli di Parnasso di Boccalini. *In Amst.* 1669, 2 *vol. in-12.*

183 Adagiorum Erasmi Epitome. *Amst. Elzevir.* 1650, *v. ecc.*

184 Lucien de la trad. de Perrot d'Ablancourt. *Amst.* 1709, 2 *vol. in-8. fig.*

185 Essais de Montaigne. *La Haye*, 1727, 5 *vol. in-12. v. f.*

186 Les Œuvres de Scaron. *Amst.* 1697, 10 *vol. in-12. fig. v. f.*

187 Œuvres de Saint-Evremond. *Paris*, 1753, 12 *vol. in-12. v. f.*

188 Œuvres diverses de Cyrano de Bergerac. *Amst.* 1710, 2 *vol. in*-12. *fig. m. bl.*

189 Les Œuvres de Saint Réal. *Paris*, 1745, 3 *vol. in*-4.

190 Œuvres de Fontenelle, avec des fig. de Picart. *La Haye*, 1728, 3 *vol. in-fol.*

191 Œuvres de Fontenelle. *Paris*, 1742, 6 *vol. in*-12. *v. f.*

192 Recueil de Piéces choisies, tant en vers qu'en prose, donné par la Monnoye. *La Haye*, 1714, 2 *vol. in*-8.

193 Opere di Giovani della Casa. *In Firenze*, 1707, *in*-4. *m. r.*

194 Œuvres de Pope, trad. de l'Anglois. *Amst.* 1754, 6 *vol. in*-12. *fig. v. f.*

195 Quatre Dialogues faits à l'imitation des Anciens, par Orasius Tubero (la Mothe le Vayer). *Francfort*, 1606, *in*-4. *m. bl.*

195 C. Plinii Cœcilii secundi Epistolæ & Panegyricus. *Lugd. Bat. ex officina Elzeviriana*, 1640, *in*-12.

197 Epistolæ obscurorum virorum. *Londini*, 1710, *in*-12. *v. f. d. s. tr.*

198 Lettres de Boursault. *Paris*, 1738, 3 *vol. in*-12.

199 Lettres de Guy Patin. *La Haye*, 1707, 5 *vol. in*-12.

200 Lettres de Mad. de Sevigné. *Paris*, 1738, 6 *vol. in*-12.

201 Lettres Juives, par le Marquis d'Argens. *La Haye*, 1738, 6 *vol. in*-12.

202 Lettere di Pietro Bembo. *In Vinegia*, 1575, 2 *vol. in*-8.

HISTOIRE.

203 DICTIONNAIRE Géographique de la Martiniere. *La Haye*, 1730, 10 *tom. en* 9 *vol. in-fol.*

204 Voyage autour du Monde, par George Anson. *Amst.* 1749, *in*-4. *fig.*

205 Relations de divers Voyages curieux, par Melchisedec Thevenot. *Paris*, 1696, 2 *vol. in-fol. fig.*

206 Voyage d'Italie de Misson. *Paris*, 1743, 4 *vol. in*-12. *fig.*

207 Voyages de Dumont en France, en Italie, à Malthe, en Turquie, &c. *La Haye*, 1696, 4 *vol. in-12. fig.*

208 Voyages du P. Labat en Espagne & en Italie. *Amst.* 1731, 8 *tom. en* 4 *vol. in-12.*

209 Voyages de Pietro della Vallé. *Paris*, 1745, 8 *vol. in-12.*

210 Voyage du Levant, par Tournefort. *Lyon*, 1717, 3 *vol. in-8. fig.*

211 Voyages de Corneille le Bruyn. *Rouen*, 1725, 5 *vol. in-4. fig.*

212 Voyages de Chardin en Perse & autres lieux de l'Orient. *Amst.* 1735, 4 *vol. in-4. fig. v. m.*

213 Voyages de la Motraye en Europe, Asie & Afrique. *La Haye*, 1727, 3 *vol. in-fol. fig. v. f.*

214 Journal d'un Voyage fait aux Indes Orientales. *La Haye.* 1721, 3 *vol. in-12.*

215 Voyage de Des Marchais en Guinée, Isles voisines & à Cayenne. *Amst.* 1731, 4 *vol. in-12. fig. v. f.*

216 Voyage de Coreal aux Indes Occidentales, avec une Relation de la Guiane. *Amst.* 1722, 3 *vol. in-12. fig.*

217 Les Aventures du Chevalier de Beauchene, rédigées par le Sage. *Paris*, 1732, 2 *vol. in-12.*

218 Voyage historique de l'Amérique Méridionale, par Don George Juan & D. Ant. de Ulloa. *Amst.* 1752, 2 *vol. in-4. fig. v. f.*

219 Voyage fait dans l'intérieur de l'Amérique Méridionale, par M. de la Condamine. *Paris*, 1745, *in-8. v. f.*

220 Tablettes chronologiques de l'Histoire Universelle, par l'Abbé Lenglet. *Paris*, 1744, 2 *vol. in-8.*

221 L'Antiquité des Tems rétablie & défendue, par Pezron. *Paris*, 1704, *in-12.*

222 Justinus cum notis Vossii. *Lugd. Bat. ex officina Elzeviriana*, 1640, *in-12. vel.*

223 Discours sur l'Histoire universelle, par Bossuet. *Paris, Cramoisy*, 1682. Avec la continuation. *Amst.* 1714, 3 *vol. in-12. v. f. d. s. tr.*

224 Introduction à l'Histoire générale & politique de l'Univers, par Puffendorf. *Amst.* 1732, 9 *vol. in-12. v. f.*

225 Histoire Universelle d'une Société de Gens de Lettres, trad. de l'Anglois. *Amst.* 1742, 32 *vol. in-4.*

226 Essay sur l'Histoire générale & sur les Mœurs & l'Esprit

des Nations, depuis Charlemagne jusqu'à nos jours, par M. de Voltaire. *Genève*, 1756, 7 *vol. in*-8.

227 Histoire générale Civile, Naturelle, Politique & Religieuse de tous les Peuples du Monde, par M. l'Abbé Lambert. *Paris*, 1750, 15 *vol. in*-12.

228 Histoire universelle de Daubigné. *Maillé*, 1616, 3 *tom. en* 2 *vol. in-fol. l. r.*

229 Histoire du Peuple de Dieu, depuis son origine jusqu'à la fin de la Synagogue. *Paris*, 1736 & 1753, 18 *vol. in*-12.

230 Abregé de l'Histoire de l'Ancien Testament, par Mezangui. *Paris*, 1735, 10 *vol. in*-12.

231 Histoire Ecclésiastique de l'Abbé Racine. *Cologne*, 1752, 13 *vol. in*-12.

232 Lettres, Anecdotes & Mémoires historiques du Nonce Visconti, en Ital. & en Franç. *Amst.* 1719, 2 *vol. in*-12. *v. f.*

233 Conclavi de' Pontefici Romani; 1668, *in*-12. *vel.*

234 Histoire des Papes. *La Haye*, 1732, 5 *vol. in* 4.

235 La Vie du Pape Alexandre VI. & de son fils Cesar Borgia, trad. de l'Angl. de Gordon. *Amst.* 1732, 2 *vol. in*-12. *v. ecc.*

236 Vita di Sixto V. da Gregorio Leti. *Amst.* 1722, 3 *vol. in*-8. *fig. v. f.*

237 Il Cardinalismo di S. Chiesa; 1668, 3 *vol. in*-12.

238 Il Nipotismo di Roma, o vero relatione delle raggioni che muovono i Pontefici all' aggrandimento de' Nipoti; 1667, 2 *vol. in*-12.

239 Relatione della Corte di Roma, di Girolamo Lunadoro: col Maestro di Camera di Fr. Sestini, e Roma ricercata nel suo Sito di Martinelli. *In Venetia*, 1764, *in*-16.

240 Histoire des Ordres Monastiques. 1751, 7 *vol. in*-12.

241 Histoires de D. Inigo de Guipuscoa, avec l'Anti-Coton. *La Haye*, 1738, 2 *vol. in*-12.

242 Histoire de l'Abbaye de Port-Royal. *Cologne*, 1752, 6 *vol. in*-12.

243 Histoire des variations des Eglises Protestantes, par Jacq. Benigne Bossuet. *Paris*, 1688, 2 *vol. in*-4. *v. f.*

244 Ceremonies & Coutumes Religieuses de tous les

Peuples du monde, representées par des figures, dessinées par B. Picart, avec une explication historique. *Amst.* 1737, 7 *vol. in-fol. fig.*

245 Histoire de Malte, par l'Abbé de Vertot. *Paris*, 1726, 4 *vol. in-4. gr. pap. fig.*

246 Histoire des Juifs de Joseph, trad. par Arnauld d'Andilly. *Bruxelles*, 1701, 5 *vol. in-8. fig.*

247 Histoire des Juifs de Prideaux. *Paris*, 1732 6 *vol. in-12. gr. pap. fig. v. m.*

248 Histoire Ancienne de Rollin. *Paris*, 1740. 14 *vol. in-12.*

249 La Cyropædie de Xenophon, trad. par Charpentier. *Paris*, 1749 2 *vol. in-12.*

250 Pausanias, ou Voyage historique de la Grece, trad. avec des remarques par l'Abbé Gedoyn. *Paris*, 1731, 2 *vol. in-4. fig.*

251 Titi Livii historiarum libri, ex recens. Heinsii. *Lugd. Bat. ex Officina Elzeviriana.* 1634, 3 *vol. in-12. m. r. d. de m.*

252 Titus Livius, ex edit. Rudimanni. *Edinburgi*, 1764, 4 *vol. in-12. v. m. f. d.*

253 L. An. Florus; ex edit. Maittaire. *Londini, Tonson*, 1715, *in-8. c. m. v. f.*

254 M. Vell. Paterculus, ex edit. Maittaire. *Londini, Tonson*, 1718, *in-8. c. m. v. f.*

255 Eutropius. *Parisiis*, 1746, *in-12. d. s. tr.*

256 Histoire Romaine de Rollin & Crevier. *Paris*, 1739, 16 *vol. in-12.*

257 Histoire de Polybe, trad. par D. Vincent Thuillier; avec un commentaire par de Folard. *Paris*, 1727 6 *vol. in-4. fig. v. f.*

258 Sallustius cum notis Varior, ex recensione Thysii. *Lugd. Bat.* 1654, *in-8.*

259 C. J. Cæsaris & A. Hirtii de rebus a Cæsare gestis Commentarii, ex recens. Sam. Clarke. *Glasguæ*, 1750, 3 *vol. in-12. pap. f. v. f.*

260 Histoire des Empereurs, par Crevier. *Paris*, 1749, 12 *vol. in-12.*

261 Histoire de Constantinople, par Cousin. (*Holl.*) 1685, 11 *vol. in-12.*

262 Histoire des Guerres d'Italie, trad. de Guichardin. *Paris*, 1738, 3 *vol. in-4. v. f.*

263 Dell' Istoria Civile del regno di Napoli libri XL. scriti da Pietro Giannone. *In Napoli*, 1723, 4 *vol. in*-4. *v. f.*

264 Opere postume del medesimo Giannone. *In Lausanna*, 1760, *in*-4.

265 Histoire du Gouvernement de Venise, par Amelot de la Houssaye. *Amst.* 1705, 3 *vol. in*-12. *fig.*

266 Hadriani Valesii notitia Galliarum. *Parisiis*, 1675, *in-fol.*

267 Les Rivieres de France, par Coulon. *Paris*, 1644, 2 *vol. in*-8. *v. f.*

268 Description de la France, par Piganiol de la Force. *Paris*, 1722, 8 *vol. in*-12. *fig. v. f.*

269 Etat de la France, par le C. de Boulainvilliers. *Londres*, 1737, 6 *vol. in*-12.

270 Histoire critique de l'etablissement de la Monarchie françoise dans les Gaules, par l'Abbé Dubos. *Paris*, 1742, 4 *vol. in*-12.

271 Historiæ Francorum scriptores Coætanei, Opera Andreæ Duchesne. *Parisiis*, 1636 5 *vol. in-fol.*

272 Les Grans Croniques de France. *Paris*, 1514, 3 *tom. en* 2 *vol. in-fol. goth.*

273 Histoire de France, de Mezeray. *Paris*, *Guillemot*, 1646 3 *vol. in-fol.*

274 Abregé chronologique de l'Histoire de France, par Mezeray, avec l'avant Clovis. *Amst.* 1673, 7 *vol. in*-12.

275 Histoire de France, de Chalons. *Paris*, 1741, 3 *vol. in*-12.

276 Histoire des Révolutions de France, par de la Hode. *La Haye*, 1738, 4 *vol. in*-12.

277 Abregé chronologique de l'Histoire de France. par le Président Henault. *Paris*, 1768, 3 *vol. in*-8.

278 Jac. Augusti Thuani historia sui temporis. *Londini*, 1733, 7 *vol. in-fol.*

279 Historia delle Guerre Civili di Francia, di Henr. Caterino Davila. *In Londra*, 1755, 2 *vol. in*-4. *gr. pap. v. m.*

280 Histoire de Charles V. par l'Abbé de Choisy. *Paris*, 1689, *in*-4.

281 Anciens Memoires du quatorziéme siécle, depuis peu découverts, où l'on apprendra les aventures les plus surprenantes de la vie du fameux Bertrand du

Guesclin, trad. par le Febvre. *Douay*, 1692, *in*-4.

282 Memoires de Philippe de Comminnes. *Leide*, *Elzevier*. 1648, *in*-12. *m. r.*

283 Histoire de Louis XI. par Duclos. *Paris*, 1745, 3 *vol. in*-8.

284 Lettres de Louis XII. & du Cardinal d'Amboise. *Bruxelle*, 1712, 4 *vol. in*-12.

285 Memoires pour servir à l'Histoire de France. par de l'Étoile. *Cologne*, 1719, 2 *vol. in*-8. *fig.*

286 Legende de Dom Claude de Guyse, 1581, *in*-8. *v. f. d. s. tr.*

287 La Legende de Charles Cardinal de Lorraine & de ses freres, par Fr. de l'Isle. *Reims*, 1576, *in*-8. *v. f. d. s. tr.*

288 Journal du Régne de Henry IV. par P. de l'Etoile. *La Haye*, 1741, 4 *vol. in*-8. *v. f.*

289 Mémoires ou Œconomies Royales d'Etat, Domestiques, Politiques & Militaires de Henry le Grand, par le Duc de Sully. *Paris*, 1663, 8 *vol. in*-12.

290 Mémoires de Sully. *Paris*, 1745, 3 *vol. in*-4.

291 Mémoires de Sully, avec des Remarques par l'Abbé de l'Ecluse. *Paris*, 1745, 8 *vol. in*-12.

292 Mémoires de Philippes de Mornay; 1624 & 1652, 4 *vol. in*-4.

293 Négociations du Président Jeannin. *Paris*, 1656, *in-fol. v. f.*

294 Lettres du Cardinal d'Ossat, avec les notes d'Amelot de la Houssaie. *Paris*, 1698, 2 *vol. in*-4.

295 Les Aventures du Baron de Fœneste, par d'Aubigné. *Cologne*, 1729, 2 *tom. en un vol. in*-8.

296 Mémoires d'Etat de Villeroy. *Amst.* 1723, 7 *vol. in*-12. *v. f.*

297 Histoire de la Mere & du Fils, par Mezeray. *Amst.* 1730, 2 *vol. in*-12. *v. f.*

298 Histoire du Ministere du Cardinal de Richelieu, avec son Journal. *Amst.* 1664, 4 *vol. in*-12.

299 La Vie du Cardinal de Richelieu, par le Clerc. *Amst.* 1724, 3 *vol. in*-12. *v. f.*

300 Cruels effets de la vengeance du Cardinal de Richelieu, ou Histoire des Diables de Loudun. *Amst.* 1716, *in*-12. *m. r.*

301 Le Véritable Pere Joseph, Capucin, nommé au Cardinalat. *S. Jean de Maurienne*, 1704, *in*-12. *v. f.*

302 Histoire du Régne de Louis XIV. par Reboulet. *Avignon*, 1744, 3 *vol. in*-4.

303 Mémoires de Mlle. de Montpensier. *Anvers*, 1730, 7 *vol. in*-12.

304 Mémoires du Card. de Retz, avec ceux de Joly. *Nancy*, 1717, 5 *tom. en* 4 *vol. in*-12.

305 Histoire des Démêlés de la Cour de France avec la Cour de Rome, au sujet de l'Affaire des Corses, par Regnier Desmarais. 1707, *in*-4.

306 Mémoires de Talon. *La Haye*, 1732, 8 *vol. in*-12.

307 Histoire Militaire de Flandre, par le Chevalier Beaurain. *Paris*, 1755, 3 *vol. in-fol. fig.*

308 Mémoires de Torcy. (*Paris*), 1756, 3 *vol. in* 12.

309 Mémoires de Feuquieres. *Amst.* 1735, 3 *vol. in*-12. *v. f.*

310 Mémoires de Mad. de Motteville. *Amst.* 1750, 6 *vol. in*-12.

311 Médailles de Louis le Grand. *Paris, de l'Impr. Royale*, 1723, *in-fol. v. ecc. d. s. tr.*

312 Antiquités de la Ville de Paris, par Mallingre. *Paris*, 1740, *in-fol.*

313 Description de Paris, Versailles, &c. par Piganiol de la Force. *Paris*, 1742, 8 *vol. in*-12. *fig.*

314 Histoire générale du Languedoc, par D. Vaissette. *Paris*, 1730, 5 *vol. in-fol. m. r.*

315 Histoire Généalogique de la Maison de France, des Pairs & Grands Officiers de la Couronne, par le P. Anselme. *Paris*, 1726, 9 *vol. in-fol.*

316 Histoire de la Milice Françoise, par le P. Daniel. *Paris*, 1721, 2 *vol. in*-4. *fig.*

317 Les Œuvres de Pasquier. *Amst.* (*Trevoux*), 1723, 2 *vol. in-fol.*

318 Fr. Hotomani Francogallia; 1573, *in*-8, *v. f.*

319 Lettres historiques sur les fonctions essentielles du Parlement, sur le droit des Pairs, &c. *Amst.* 1753, 2 *vol. in*-12.

320 Histoire de la Pairie de France & du Parlement de Paris. *Londres*, 1740, *in*-12. *v. f.*

321 Histoire de l'Empire, par Heiss. *Paris*, 1731, 10 *vol. in*-12. *v. f.*

322 Historia delle Guerre della Germania inferiore di Jer. Conestaggio. 1634, *in*-8.

323 Della Guerra di Fiandra descritta dal Cardinal Bentivoglio. *In Colonia*, 1635, 3 *vol. in*-8. *v. f. d. s. tr.*

324 Lettres & Négociations de Jean de Witt. *Amst.* 1725, 5 *vol. in*-12. *v. f.*

325 Histoire Métallique des XVII Provinces des Pays-Bas, par Van Loon. *La Haye*, 1732, 5 *vol. in-fol. v. f. fig.*

326 Histoire de Genêve, par Spon. *Genêve*, 1730, 2 *vol. in*-4.

327 Histoire d'Espagne de Mariana, trad. par le P. Charenton. *Paris*, 1725, 6 *vol. in*-4.

328 Histoire du Cardinal Ximenès, par Flechier. *Paris*, 1693, *in*-4. *v. f.*

329 La Vie de Philippe II. trad. de l'Italien de Gregorio Leti, par de Chevieres. *Amst.* 1756, 6 *vol. in*-12.

330 Mémoires pour servir à l'Histoire d'Espagne sous le Régne de Philippe V. par le Marquis de St. Philippe. *Amst.* (*Paris*) 1756, 4 *vol. in*-12.

331 Mémoires historiques, politiques & littéraires, concernant le Portugal. *La Haye*, 1743, 2 *vol. in*-12.

332 Histoire d'Angletetre de Rapin Thoyras. *La Haye*, 1727, 16 *vol. in*-4.

333 Histoire d'Angleterre de M. Hume, trad. par l'Abbé Prevost. *Paris*, 1761, 18 *vol. in*-12.

334 Histoire des Révolutions d'Angleterre, par le P. d'Orléans. *Paris*, 1750, 4 *vol. in*-12. *fig.*

335 Histoire de la Rébellion & des Guerres civiles d'Angleterre, par le Comte de Clarendon. *La Haye*, 1764, 6 *vol. in*-12. *v. f.*

336 Histoire de ce qui s'est passé de plus mémorable en Angleterre pendant la vie de Gilbert Burnet. *La Haye*, 1735, 4 *tom. en* 2 *vol. in*-4. *fig. v. ecc.*

337 Histoire de Marie Stuart, Reine d'Ecosse, ou Recueil de toutes les Piéces qui ont été publiées au sujet de cette Princesse, par Jebb. *Londres*, 1725, 2 *vol. in-fol. v. f.*

338 Mémoires concernant Christine Reine de Suede. *Amst.* 1751, 4 *vol. in*-4.

339 Sam. Puffendorfi Commentaria de rebus Sueccis ab Expeditione Gustavi Adolfi ad abdicationem usq. Christinæ, *Ultrajecti*, 1686, *in-fol.*

340 Histoire Militaire de Charles XII. par Adlerfeld. *Paris*, 1742, 3 *vol. in*-12. *fig.*

341 Mémoires du Régne de Pierre le Grand. *Amst.* 1740. 5 *vol. in-12.*

342 La vie de Mahomet, par de Boulainvilliers. *Amst.* 1731, *in-12. fig.*

343 Histoire de l'Empire Ottoman de Sagredo. *Amst.* 1742, 7 *tom. en* 5 *vol. in-12.*

344 Histoire moderne des Chinois, Japonois, Indiens, &c. par l'Abbé de Marsy. *Paris*, 1754, 18 *vol. in-12. dont* 2 *br.*

345 Histoire de la Chine, par le P. du Halde. *La Haye*, 1736, 4 *vol. in-4. fig. & un vol. in-fol. v. ecc.*

346 Lettres au R. P. Parennin, Jesuite Missionnaire à Pekin, contenant diverses questions sur la Chine; nouvelle édit. augmentée de divers opuscules sur différentes matieres, par M. Dortous de Mairan. *Paris*, *de l'Imp. Royale*, 1770, *in-8.*

347 Ambassade de la Compagnie Orientale des Provinces Unies vers l'Empereur de la Chine, par Nieuhoff. *Leyde*, 1665, *in-fol. fig. m. r.*

348 Histoire du Japon de Kœmpfer. *La Haye*, 1729, 2 *vol. in-fol. fig. v. f.*

349 Histoire de la Conquête de la Floride, trad. de l'Espagnol de Garcilasso de la Vega, par Richelet. *Leyde*, 1731, 2 *vol. in-12. fig.*

350 Le Curieux Antiquaire, par Berkenmeyer. *Leyde*, 1729, 3 *vol. in-8. fig.*

351 Funerailles & diverses manieres d'ensevelir des Romains, Grecs, &c. par Cl. Guichard. *Lyon*, 1581, *in-4. fig. m. r.*

352 Réponse à l'Histoire des Oracles de Fontenelle, par le P. Baltus. *Strasbourg*, 1707, 2 *vol. in-8.*

353 Bibliothéque critique, par de Samjore. *Basle*, 1709, 4 *vol. in-12.*

354 Nouveaux Mémoires d'Histoire, de Critique & de Littérature, par l'Abbé d'Artigny. *Paris*, 1749, 7 *vol. in-12. v. f.*

355 Bibliographie instructive, par G. Fr. de Bure. *Paris*, 1763, 9 *vol. in-8. br.*

356 Plutarchi vitæ Parallelæ, Gr. & Lat. cum notis & emendat. & var. Lect. ex recensione August. Bryani : accedunt Apophtegmata. *Londini*, 1729, 6 *vol. in-4. c. m. v. m. f. d.*

357 Les Vies des Hommes illustres, trad. par Amyot. *Paris*, 1678, 4 *vol. in-8. l. r. v. f. d. s. tr.*

358 Cornelius Nepos, ex recognitione Steph. And. Philippe. *Parisiis*, 1745, *in-12. d. s. tr.*

359 Œuvres de Brantosme. *La Haye*, 1740, 15 *vol. in-12. v. m.*

360 Ecole Militaire, par M. l'Abbé Raynal. *Paris*, 1762, 3 *vol. in-12.*

361 Dictionnaire historique & critique, par Bayle. *Amst.* 1730, 4 *vol. in fol.*

362 Dictionnaire historique de Prosper Marchand. *La Haye*, 1758, 2 *tom. en un vol. in-fol.*

363 Nouveau Dictionnaire historique, par une Société de Gens de Lettres. Paris, 1772, 6 *vol. in-8.*

FIN.

Lû & approuvé ce 1 Septembre 1772.

PRAULT pere, Adj.

ON vendra les Livres dans l'ordre suivant.

Mercredi 9 Septembre :

Depuis le n°. 1 jusqu'au n°. 90 inclusivement.

Jeudi 10.

Depuis le n°. 91 jusqu'au n°. 180.

Vendredi 11.

Depuis le n°. 181 jusqu'au n°. 270.

Samedi 12.

Depuis le n°. 271 jusqu'à la fin.

www.ingramcontent.com/pod-product-compliance
Ingram Content Group UK Ltd.
Pitfield, Milton Keynes, MK11 3LW, UK
UKHW012131240726
13965UKWH00005B/2104

9 782013 079358